06
婉儿说，她的故乡曾是丝绸之路上的明珠，有着举世无双的瑰宝。一百多年前，她被人从家乡带走，流落到此。如今，回家不是件容易的事，她希望我能帮帮她。
07
听完婉儿的诉说，我决定无论如何也要把婉儿送回她的故乡——敦煌！
08
婉儿提醒我，找到回家的路，必须集齐四个正确的古汉字！
09
她还忧虑地告诉我，如果不能及时地将她送回故乡，她就会慢慢风化，最后成为一堆灰烬，永远消失。
10
事不宜迟！我和婉儿开始了“回家”之旅……

经过长途跋涉，我们来到了一片沙漠，这里离婉儿的故乡——中国西北的敦煌已经很近了。大漠苍茫，砂石飞扬，到处都是废墟、枯骨，还有神秘的石碑。不久，我和婉儿在沙漠里迷失了方向。沙漠里有四条留有脚印的去路，究竟哪条能通往婉儿的家呢？

01 小知识

敦煌位于中国的西北，是古代丝绸之路的咽喉重镇。敦煌四周皆被沙漠戈壁包围。古代商人和僧侣去往敦煌都需要穿越茫茫大漠。众多壮丽的自然景观和古老的文明遗迹都深藏其中。

朱砂、鸡冠石、青金石、孔雀石！红、黄、蓝、绿！这是中国古代绘画常用的四种矿物颜料。
朱砂
鸡冠石
青金石
孔雀石
石碑上的矿石顺序不同，到底哪块石碑上的矿石顺序是正确的呢？矿石顺序正确的石碑上有我们需要的文字，而石碑旁就是我们要寻找的路。

大中午的阳光火辣辣的。
刚刚，我们找到了正确的路，并收获了第一个古汉字。远处已经隐约可以看到莫高窟窟前的九层楼，即将到达目的地时，眼前出现了一片古代烽火台的遗迹。这些烽火台互相守望着，在沙漠中屹立了千百年，如今已是千疮百孔。烽火台上到处是孔洞，其中一些似乎隐藏着秘密。烽火台前，还有一尊被流沙掩盖了大半的日晷……
日轮当午
石碑上的文字会有什么特别的意义吗？
这尊流沙下的日晷看上去非常古老。了解日晷的原理，或许就能引导我们找到隐藏的秘密。但首先，我得把日晷从流沙里挖出来！

02 小知识

＊敦煌是古代河西走廊的军事重镇。在敦煌周围的沙漠、山川中分布着不少从汉代、唐代、明代等时期遗留下来的烽火台，它们是古代的军事防御设施。考古学家曾在敦煌附近的烽火台遗址中发现过不少古老的文书。

＊日晷由晷针和晷面组成，它是古代人类利用日影测时的仪器。其原理就是利用太阳光照射晷针，在晷面上形成投影，利用投影去测定和划分不同的时刻。

一路艰辛，我们终于到达敦煌莫高窟。这就是婉儿所说的举世无双的瑰宝。莫高窟开凿在鸣沙山的断崖上，洞窟里有古代的塑像和壁画。优雅的塑像一眸一笑之中似乎蕴含着智慧与永恒，壁画的内容、种类则丰富而精彩。

这里没有我们要找的文字，不妨休息一下，思考下一步去哪里。

目前为止，我们已经成功获取了两个神秘的古老文字。但先不要激动哦，我们离成功还差几步呢！莫高窟有几百个洞窟，到底哪些洞窟里会藏着你想要的古老文字呢？（本页无解谜。）

我和婉儿进入了一个洞窟。只见一尊安详的大佛卧在佛床上，双目半闭，唇含笑意，他身后几尊泥塑僧人像却在痛哭流涕，悲痛欲绝。为什么会是这个场景呢？
历经上千年的时间，这些泥塑的僧人像有些残破了……这里会有我们想要的古老文字吗？
莫高窟中有的壁画里面有夹层。壁画人物的手势会不会指向某种线索？

04 小知识

卧佛并不是正在睡觉的佛，而是进入涅槃状态的佛，这是佛一生重要的时刻。这幅根据莫高窟第 158 窟（建于中唐，距今上千年）再创作的弟子举哀图，表现了弟子们看到佛陀释迦牟尼涅槃时的悲痛场景。弟子们呼之欲出的悲伤状态更加衬托出佛陀涅槃时的安然自若。

今晚的月光如此明亮。窟内陈设清晰可见。眼前，正是一尊千手菩萨像。各异的手势似暗藏玄机……

婉儿轻声说，这个洞窟的墙壁后还藏着能记录“月相”和“刻度”的月光杯。传说，“月相”和“刻度”有着某种关联，你看出来了吗？我们正在寻找的古老文字又隐藏在哪里呢？

菩萨像的手势千变万化，哪一种才是我们需要的呢？正确的手势将告诉我们正确的文字。

05 小知识

＊“葡萄美酒夜光杯，欲饮琵琶马上催。”这是唐代诗人王翰《凉州词》中的名句。诗句中的“夜光杯”，又称“阳关玉杯”，传说是西胡用白玉精制而成的酒杯，有如“光明夜照”，故此得名。本页右上方翻页中的夜光杯是参考考古出土的一些实物而创作的。

＊本页画面创作灵感来源：敦煌莫高窟第 17 窟藏经洞绢画《千手千眼观音菩萨像》，现藏于印度新德里国家博物馆；莫高窟第 217 窟主室下侧壁画；莫高窟第 45 窟佛龛壁画等。

就要完成送婉儿回家的使命了！我努力回忆前面找到的四个神秘的古老文字……婉儿说只要按正确的顺序在锁上选中这四个古老文字，她就能回到故乡。那是她漂泊百年、日思夜想的山河之梦。

06 小知识

本页面根据敦煌莫高窟第 17 窟藏经洞外面西侧壁画再创作。藏经洞于清末被道士王圆箓偶然发现，洞内藏有从公元 4 世纪到 14 世纪的各种佛教经卷、社会文书、刺绣、绢画、法器等文物 5 万余件，这些就是举世闻名的敦煌遗书。遗憾的是，敦煌遗书有很大一部分流失海外……山高路遥，流落他乡，这就是故事中婉儿百年前所遭遇的不幸。

点亮四盏长明灯，你将跨越时间的河流，回到遥远的过去……

08
骑马的姑娘好眼熟，这不是婉儿吗？！送婉儿回家，难道不仅仅意味着回到敦煌，还要回到她生活的年代吗？所以……我是来到了古代的敦煌？难道……
09
我被困在一千年前了？！
10
此乃敦煌的城主和夫人，还不快快行礼……
11
你是何人……
12
是我啊！
13
14
15
我想起来了！我曾梦到自己被困在一千年后。在梦里，是一个义士为我打开了一把锁，把我带回故乡。梦里的那个义士……那个义士就是你！
16
婉儿，这不是梦，这是真的。你……
你知道我该怎么回到自己的时空吗？
17
如果你想回到自己的时空，你必须亲自将锁送回千佛洞中，再次锁上……但重新上锁，仍然需要找到四个新的神秘古老文字，它们藏在敦煌的山川和壁画中。
18
为了尽快回到属于自己的时空，我再次踏上探险的旅程。

时值冬日，敦煌的党河已经冻成了一条晶莹剔透的冰河，冰面上散落着大量冰块。在阳光的照射下，冰块反射出耀眼的光线，一些冰块下露出了神秘的符号……这时，两位大腹便便的路人大叔的对话引起了我的注意。

07 小知识

党河发源于河西走廊的祁连山脉，是疏勒河的一条支流，它从现代的敦煌城中穿城而过。党河是敦煌唯一的表层河流，千年以来，是她哺育了敦煌这颗戈壁上的明珠。每到冬天的时候，党河就会成为一条冰河。

在婉儿的帮助下，我再次来到千佛洞。这时的千佛洞香火很旺，壁画比之前看到的鲜艳很多。我顺着婉儿的提示，来到一处绘有阿修罗王的洞窟。眼前阿修罗王手上的神秘符号让我隐隐觉得：这里藏着能让我回家的线索。

08 小知识

阿修罗王是佛教中的护法神。他半人半神，性格好斗，常常与天界的众神争斗。图中的解谜元素是根据敦煌莫高窟第249窟窟顶西坡中间阿修罗王图改绘的。壁画之中，阿修罗王四目四臂，立于海水中。

为了寻找神秘的古老文字，我夜宿在一个洞窟内。月色初上，皎洁的月光照入洞窟，一地银色。洞内尚在修建中，几个画工在泥壁上勾勒着壁画线条，一位醉醺醺的汉子则在墙壁上胡乱写下一句诗。那人手中的月光杯，那句诗歌，还有那尊未完成的塑像……这个还在修建的洞窟，我好似来过，难道是……我努力回想着一千年后，这个洞窟长什么样。

不妨想象一下这个洞窟一千年后的样子。对比之前的画面就能找到线索了。

09 小知识

*敦煌石窟开凿历时一千多年，参与的画工、塑匠、经生数以百万计，但留下名字的却寥寥无几……这些没有在历史中留下名字的匠人们，依旧是伟大的。

*本页内容根据莫高窟第 217 窟主室下侧壁画和第 45 窟佛龛壁画等素材综合创作。

为了寻找最后一个古汉字，我看遍了千佛洞的壁画，眼前这幅《九色鹿经图》深深吸引了我。我隐约记得小时候看过九色鹿的故事。
《九色鹿经图》壁画里有一个引人入胜的故事，难道最后的古汉字藏在故事之中？
我曾经救过国王身旁那个驼背的人，我把溺水的他从河里捞了上来……如今他却恩将仇报，带着国王和士兵来捕杀我。我要向国王揭露那个人的恶行，可箭已经向我射来了……

救命！谁能帮我赶走老鹰！
小鸟想帮助九色鹿，却被老鹰追逐。
国王陛下，眼前就是那九色鹿。您看它的皮毛多美啊！它的皮可以为王后做出最华美的衣裳，可千万别被箭射坏了。是我为您带路来抓它的，陛下别忘了赏赐我……

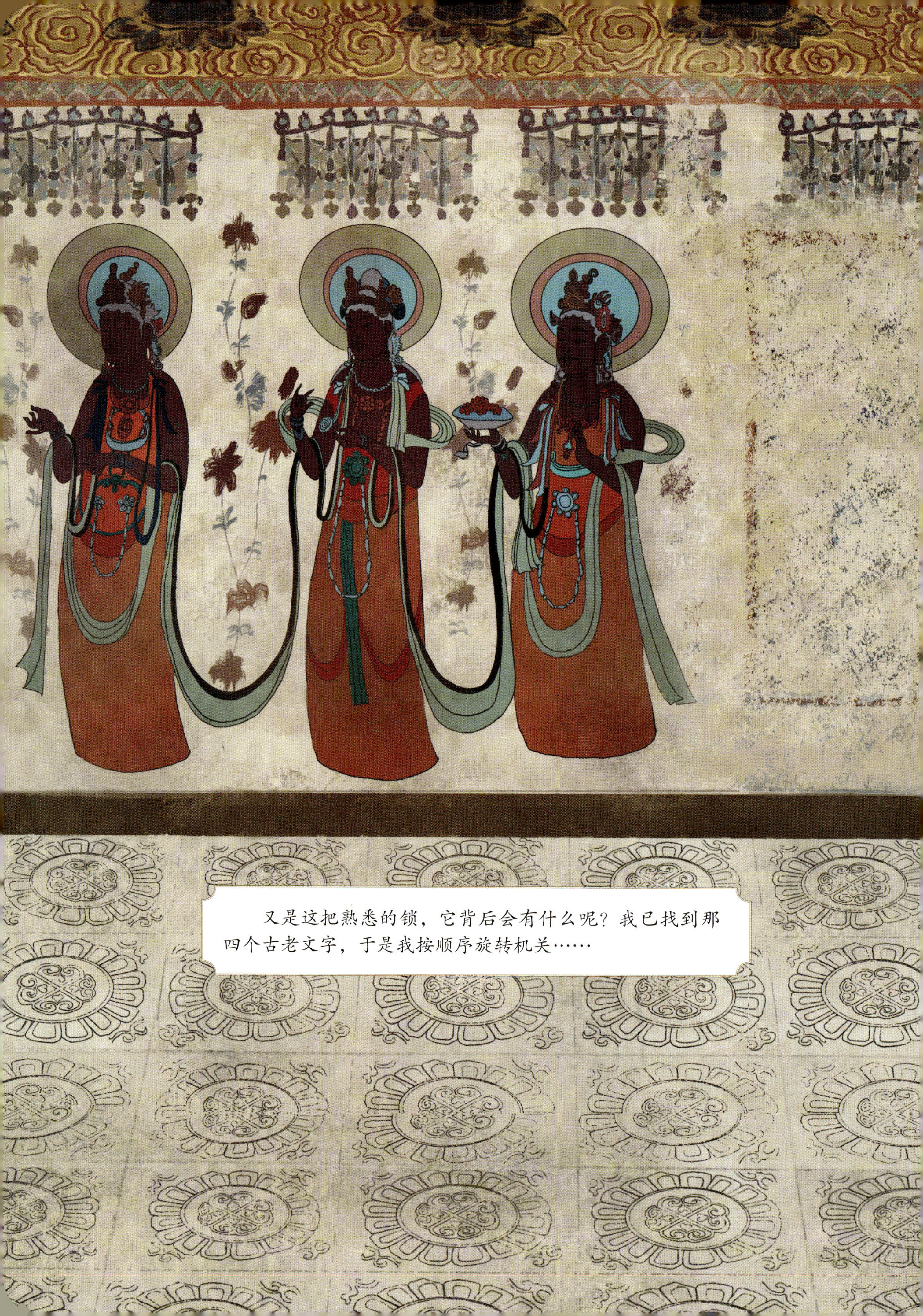
又是这把熟悉的锁，它背后会有什么呢？我已找到那四个古老文字，于是我按顺序旋转机关……

古今须臾，负薪构堂——千年一瞬，古今之间犹如片刻；后人必将传承先人的优秀文化，使之流传。